NOTICE HISTORIQUE

SUR

MERCK - SAINT - LIÉVIN,

PAR

M. l'Abbé ROBERT,

CURÉ DE CETTE PAROISSE.

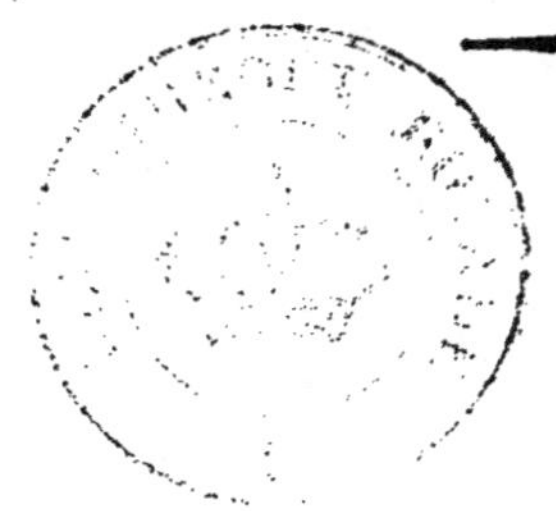

Pius est patriæ facta referre labor.
OVID.

1842.

1843

PRÉFACE.

La Philosophie du XVIIIᵉ siècle, parvenue à son apogée, lui a donné son nom. Le XIXᵉ, à juste titre, recevra celui de l'histoire. Depuis plusieurs années, une activité prodigieuse se porte vers cette branche des connaissances humaines; on a compris enfin qu'il fallait éclairer de nouvelles lueurs chaque partie de notre belle France, partout si fertile en souvenirs.

Encouragés par ce motif puissant, des hommes laborieux (1), se sont livrés à une foule de travaux partiels et locaux, la plupart d'un grand prix. Ils ont compulsé avec courage les archives poudreuses des temps passés, pour en faire surgir quelques rayons, et répandre un peu de jour sur divers points, trop longtemps demeurés obscurs, du sol de notre patrie.

Je viens aussi, à leur exemple, malgré mes faibles forces, donner quelques documents inédits sur la paroisse dont je suis le desservant.

Cette idée m'a été suggérée par Monseigneur le Cardinal de la Tour-d'Auvergne, Evêque d'Arras, à la suite d'une circulaire adressée à tout son clergé, le 18 juillet 1858.

Qu'à cette occasion, il me soit permis d'offrir à son Eminence, l'hommage public de ma reconnaissance, pour les encouragements qu'elle a bien voulu nous donner à cette époque, en me prêtant toutefois l'appui de son nom, immortel désormais dans ce beau diocèse.

(1) Pour le Pas-de-Calais M. H. Piers de Saint-Omer, membre de la Société Royale des Antiquaires de France, et auteur de plusieurs ouvrages historiques, etc.

M. Harbaville, conseiller de Préfecture, Président de l'Académie d'Arras—L'Abbé Parenty, chanoine titulaire d'Arras.

Merck est le nom primitif de ce village ; il dériverait du latin *merx*, marchandise. L'impérieuse Rome, après avoir subjugué les nations, s'efforça d'y introduire aussi sa langue. César défendit, sous peine de mort, de parler ni d'écrire en gaulois. Alors on vit beaucoup de familles, prendre des noms latins; du temps de Vespasien, les villes et les villages en eurent aussi (1). Ce fut dans cette langue que saint Fuscien, saint Victoric et tant d'autres missionnaires annoncèrent l'Évangile dans ces contrées.

Cette étymologie m'en a fait rechercher une autre plus ancienne, et qui expliquerait parfaitement la première. Merck, *Mercka Sancti-Levini*, *Marchetum*, viendrait d'un mot celtique ou gallo-belge. Il signifierait : *marché, ferme, réunion* (2), soit à cause des hameaux épars çà et là, et dont Merck serait le chef-lieu, soit par rapport aux marchés ou foires qu'on y a établis dans la suite à l'occasion du célèbre pélerinage de saint Liévin, dont l'église possède la relique vénérée (3).

Anciennement, et un demi-siècle avant l'ère vulgaire, à l'époque où Jules-César fit la conquête de la Gaule-Belgique, les peuples qui habitaient ce pays jusqu'à la mer, s'appelaient Morins. Cette expression viendrait du latin *morini*, marins (4), ou de l'allemand *mor, moeren*, marais (5), oubien de Maurus, jeune prince africain qui vint à une époque inconnue se fixer à Thérouanne, depuis Capitale de la Morinie (6).

(1) Pasquier.

(2) Harbaville.

(3) Avant la révolution de 89, des marchands forains de St-Omer, d'Aire, de Fruges, etc, venaient s'étaler sur la place dite le Wamelet; pendant la neuvaine de St.-Liévin; nous avons encore aujourd'hui des industriels, des marchands de chapelets, de livres, de médailles et de pains d'épice ; on y trouve aussi tous les jeux de foire.

(4) H. Piers.

(5) Alting.

(6) H. Piers, Thérouanne n'est qu'à 5 lieues de St-Liévin.

Ce peuple subjugué par les armes victorieuses de Jules César, remonte à la plus haute antiquité; les anciens le considéraient comme le plus reculé de l'Univers (1).

« Extremique hominum Morini. Eneid. Liv. 8 »

De l'aveu de plusieurs auteurs, les Morins, peuple fier et indomptable, étaient d'origine gauloise; ils habitaient tout ce qui a été appelé dans la suite, diocèse de Thérouanne, *Ecclesia Morinensis*. L'évêque qui gouvernait cette église, après que le Christianisme fut établi dans ce pays, étendait sa juridiction spirituelle sur toute la Morinie. Elle était située entre la mer, l'Escaut et la Somme, comprenant la Picardie, le Hainaut et la Flandre.

En ce temps, la religion chrétienne n'éclairait pas de son flambeau ces contrées barbares, plongées dans les ténèbres de l'idolâtrie; c'était dans d'épaisses forêts que leurs prêtres, appelés Druïdes (2), leur expliquaient des mystères aussi infâmes qu'absurdes. Ces ministres avaient une autorité absolue qu'ils ne recevaient que dans un âge très-avancé, et après des épreuves de vingt ans; ils passaient pour des hommes éclairés de leur époque; ils instruisaient la jeunesse, jugeaient toutes les causes et punissaient tous les crimes.

Les Morins n'avaient point de villes; des cabanes éparses çà et là sur des montagnes couvertes de bois, étaient leurs habitations; le reste du pays était en marais, la plupart impraticables; la pêche et la chasse faisaient leurs plus grandes occupations; ils avaient sur leurs femmes et leurs enfants le droit de vie et de mort.

Les Romains, l'an 42 de J.-C., sous l'empereur Claude, mirent fin à ces usages; et la religion du vrai Dieu abolit toutes leurs pratiques superstitieuses.

(1) Hennebert, chanoine de la cathédrale de St-Omer, né à Hesdin, et H. Piers.

(2) *Druide* vient du celte Derw, qui veut dire chêne, très-vénéré par eux.

Ce pays, que l'invincible César avait conquis à la tête de ses armées, resta sous la domination romaine, jusques l'an 410, époque où des hordes de barbares, sorties du Nord, vinrent balancer la puissance des Romains.

Pour contenir les peuples vaincus et disséminés dans l'ancienne Gaule, le sénat avait enjoint de bâtir des forts et des habitations, afin d'abriter les troupes romaines et vaincre plus facilement les rebelles. De là ces belles voies qui seules immortaliseraient ce peuple guerrier, maintenant disparu de la scène du monde.

Plus tard, ces chaussées d'origine romaine, furent dites Brunehaut, à cause des réparations que cette princesse, épouse de Mérovée, fit faire à ces routes. La plus étendue de ces anciennes chaussées est celle qui commençait à Milan et se terminait à Boulogne-sur-mer. Elle avait, selon M. Deslyons, quatre cent cinquante-sept lieues de longueur, et traçait une ligne diamétrale d'un bout à l'autre de la Gaule; elle traversait l'Artois dans sa plus grande longueur, et aboutissait à Arras, d'où elle conduisait à Boulogne par Thérouanne et Merck-St.-Liévin.

Ce fut cette voie que Jules-César suivit pour se rendre au port Itius; lui-même l'avait fait exécuter depuis la capitale de la Morinie jusqu'à Sangate.

Une de ces routes conduisait de Sithieu à la Canche maritime, passant entre Avroult et Merck-St-Liévin; cette ancienne chaussée forme actuellement le chemin de St.-Omer à Hesdin, tracé le 30 mai 1772, date d'un arrêt du Conseil d'Artois qui l'autorisa; enfin une autre, qui était la troisième, passait par la forêt de Thiembronne et par Lumbres.

Ces travaux immenses qu'exécutèrent les vainqueurs de la Morinie, n'empêchèrent point ces peuples de travailler à reconquérir leur liberté. Les Romains eurent à supporter des luttes sanglantes, où nos ayeux firent plus d'une fois preuve de bravoure et de courage.

Vers l'an 183 de J.-C., Verricus et Sorricus, Germains

de nation, entreprirent de chasser les aigles romaines de la Belgique; Varneston, préteur des Morins, sut les arrêter et préserver le canton qui lui était confié. Ce Varneston a laissé dans ce pays des traces de son séjour, et l'endroit qui porte son nom paraît lui devoir son origine : Varnesto, hameau de Thiembronne, près de St.-Liévin. (1)

Cette province, après le passage des Germains, jouit de la paix pendant plusieurs années, lorsqu'Honorius, par sa faiblesse, faillit livrer l'empire à la discrétion des barbares. Bientôt tout le pays en fut inondé, les Vandales entrèrent dans les Gaules au nombre de trois cent mille hommes. Ils ravagèrent Arras, Thérouanne et tous les environs.

En 420, les Francs, soldats valeureux, mais indisciplinés, suivirent leur exemple. Du fond de la Franconie, ils vinrent, conduits par Pharamond, leur roi, faire trembler les Romains. Quelques années après, le cruel Attila, roi des Huns, ce fléau de Dieu, comme un tigre à qui on aurait enlevé ses nourrissons, à la tête de cent mille hommes, met tout à feu et à sang. Déjà l'infortunée Thérouanne n'est plus qu'un monceau de cendres, l'an 451 de J. C.

Un demi-siècle plus tard, Clovis, devenu roi de France, parvint à secouer le joug des Romains et à chasser enfin pour toujours de ses états, les Goths et les autres peuples du Nord.

A son avénement au trône, Clovis et ses sujets étaient plongés dans l'idolâtrie. Outre le culte secret des Druides, ils adoraient des dieux empruntés à plusieurs nations étrangères. Leur Teutatès était le Mercure des Grecs, Hésus, ou Jehova, ou Mars, était dieu de la guerre. Sur les bords de la Seine, on adorait Minerve, ou Isis d'où est venu, dit-on, Paris, de Parisis. Thérouanne avait son temple érigé en l'honneur du dieu Mars. On adorait encore plusieurs autres divinités locales et inférieures, dans différentes parties de la Morinie.

(1) Dom. Devienne.

Cependant, la religion chrétienne y avait été prêchée, vers l'an 62 de J. C., par Simon le Cananéen, Joseph d'Arimathie et St-Pierre, lorsque fuyant les persécutions, ils vinrent s'embarquer au port Itius, pour se retirer en Angleterre (1).

En 128, de saints évêques essayèrent, à diverses époques, de continuer l'œuvre de Dieu. C'est ainsi que l'évangile fut successivement annoncé dans ces contrées par les prêtres Eucaire, Valère et Materne.

Vers l'an 262, le souverain pontife, Etienne, envoya plusieurs autres saints personnages pour prêcher la foi dans les Gaules. Piat vint à Tournai, Victoric et Fuscien à Thérouanne, dans le pays des Morins, où leurs prédications firent un bien immense. Ils bâtirent, en 275, une chapelle sous l'invocation de la Sainte Vierge, au bas d'une colline qu'on appelait Hellefaut (2).

En 287, Rictiovare, gouverneur de la Belgique, sous l'empereur Dioclétien, les fit arrêter chez les Amiénois, où ils furent décapités, ainsi que saint Firmin, évêque d'Amiens.

Après la mort de leurs apôtres, la crainte de perdre leur vie, leurs biens et leurs emplois, fit retomber dans l'idolâtrie la plupart des peuples de Boulogne et de Thérouanne. L'empereur Julien l'apostat, mit le comble à cette fatale rechute par plusieurs édits contre les chrétiens; il fit rendre au paganisme le temple de Thérouanne.

Sur ces entrefaites, saint Martin, fils d'un capitaine de cavalerie, après avoir passé noblement sa jeunesse dans le métier des armes, quitta le service des Césars pour celui de J. C. Il se fit baptiser à Thérouanne et devint après évêque de Tours.

A cette époque, c'est-à-dire vers l'an 392, saint Victrice, né au Port Itius, vint de nouveau, anéantir le culte superstitieux des Morins, et renverser leurs idoles.

(1) H. Piers.
(2) Dom Devienne.

Ce fut avant son élévation sur le siége de Rouen, qu'il leur prêcha l'évangile avec un succès qui tint du miracle. Il s'était fixé dans une solitude, à Wisernes (1). A sa voix, tous se convertirent au vrai Dieu. « Cette terre inculte, dit saint Paulin, avec ses rivages sablonneux, ses forêts épaisses et ses déserts arides, devint un des plus beaux parterres des jardins de l'époux. Le nom de J. C. retentit de toute part ; il n'y eût presque personne qui ne se rangeât sous son empire. On bâtit des églises et des monastères ; les villes, les campagnes et les forêts se peuplèrent de saints. »

Quelques années après, on vit briller une autre lumière. Maxime (2), moine de Lerins et évêque de Riez, en Provence, ayant reçu le don des miracles, vint en 455, se fixer à Wismes, limitrophe de Merck-St-Liévin. Il y bâtit une église sous le vocable de la Sainte-Vierge et de saint André. Sa mort arriva dans cette paroisse, vers 460, après avoir évangélisé les Morins, l'espace de cinq ans. Selon ses désirs, il y fut inhumé par le clergé de Thérouanne (3).

Cependant, le paganisme luttait encore dans certaines contrées de la Morinie. Merck résistait toujours à la grace. Il était réservé à saint Liévin, apôtre du Brabant et martyr de Flandre, de le convertir au christianisme.

C'est au nord de Fauquembergues, dans une solitude, et sur les bords de l'Aa, que ce grand saint établit son séjour, qui depuis retint son nom, Merck-St-Liévin (4).

Issu de race royale, il était Ecossais, et archevêque d'Ibernie, en 650. Sa sainteté et les miracles qu'il fit, le donnèrent à connaître, non seulement en Ecosse et en Irlande, mais encore par toute la France. MIRACULORUM GLORIA, ET

(1) Proche de St-Omer ; il y bâtit le monastère d'Ulter, appelé ainsi, parce qu'il était situé au delà de l'Aa. Hennebert.

(2) Dans nos campagnes il est connu sous le nom de Saint-Mase.

(3) Hennebert.

(4) Harbaville.

SANCTITATIS FAMA , LONGÉ LATÈQUE CLARUS. *Brév. de saint Bavon de Gand.*

Avant sa promotion à l'archevêché d'Ibernie, caché dans les déserts, il y vivait d'herbes et de racines sauvages; ses occupations étaient la prière, la méditation et les vers latins qu'il composait en l'honneur de Dieu. Tant de talents et de vertus ne restèrent point cachés longtemps. Toutefois, ce ne fut pas sans peine qu'on parvint après à l'élever aux premières dignités de l'église.

Après avoir administré quelque temps son diocèse avec autant de zèle que de sagesse, il lui prit envie de travailler à la conversion des infidèles, espérant y faire plus de fruit. Il mit donc ordre à ses affaires, et ayant laissé, pour le remplacer, l'archidiacre Sylvain, personnage fort accompli, il s'embarqua avec trois de ses disciples, Follian, Heli et Kilian, pour la Flandre, où ils ne tardèrent pas à arriver. Les miracles qu'il opérait en annonçant la parole de Dieu, le firent bientôt connaître du roi Carloman. Il lui députa les grands de sa cour, qui le prièrent au nom de leur maitre, de venir l'aider à administrer son royaume, pour la plus grande gloire de Dieu et le bonheur de son peuple.

Ces considérations firent impression sur notre saint. Il se rendit près du roi, où il fut comblé d'honneur ; il n'y resta pas long temps, craignant que l'air contagieux de la cour ne vint infecter son esprit et ralentir son courage.

Sur ces entrefaites, un ange lui apparut pour l'engager à se rendre en Angleterre, près de l'évêque St-Augustin (1), déjà le pape St-Grégoire-le-Grand, lui avait envoyé des missionnaires venus d'Italie et de la France (2); il se livra dans ces contrées à toute l'ardeur de son zèle qu'il vit bientôt couronné du plus grand succès.

(1) Angeli hortatu, in angliam ad sanctum Augustinum se se contulit. leg. de saint Bavon, à Gand.

(2) C'est ainsi qu'on doit rendre une pleine et éclatante justice aux papes qui ont fait la société en Europe et aux évêques qui l'ont faite en France.

Sa mission accomplie près des Bretons, il se hâta de revenir chez les Morins qu'il avait visités en se rendant au port Itius; Merck fut le lieu de sa résidence; ses habitants le retinrent au milieu d'eux l'espace de quatre années (1), il leur prêcha l'évangile avec tout le feu dont sa belle âme était dévorée; il opérait autant de conversions qu'il rencontrait de personnes, mettait tout en œuvre pour parvenir à ses fins; sa charité pour les pauvres et les malades était sans bornes, aussi produisit-elle des fruits en abondance; les miracles qu'il opéra pendant son séjour, les grandes vertus qu'il y pratiqua, le firent nommer l'apôtre de la Flandre.

Si les travaux apostoliques de notre saint furent si bien appréciés dans ces contrées, il n'en fut point de même dans le Brabant, où il se rendit à son départ de Merck-St-Liévin. Les infidèles, jaloux des ames qu'il gagnait tous les jours à J.-C., le persécutèrent au point de lui arracher la langue avec des tenailles et de la jeter aux chiens.

Dieu, dans cette circonstance, voulut venger son serviteur en la lui rendant incontinent; elle se replaça miraculeusement dans la bouche : *et canibus projecta divinitus in redditur*. Leg. de saint Bavon.

Ce prodige ne retint point la brutalité de ses ennemis, elle ne fut satisfaite que lorsqu'ils lui eurent tranché la tête dans le Comté, et pays d'Alost, au village d'Esck, près de Gand, en 634. Son corps fut inhumé à Hauthem; il y demeura jusqu'à ce que Théodore, évêque de Cambrai, le levât de terre, et l'exposât publiquement à la vénération des peuples, l'an 842.

De l'église d'Hauthem, il fut transporté vers l'an 1020, à Gand, dans l'abbaye de St-Bavon, par l'abbé Erambald, sous prétexte d'une plus grande sûreté; il s'en fit encore une autre translation, mais sans sortir de l'abbaye, l'an 1085, par Radbad, évêque de Noyon et de Tournai, et par Wintham, abbé de St-Bavon. L'an 1175, on mit ses

____

(1) Harbaville.

précieuses reliques dans une chasse nouvelle; elles furent transportées l'an 1566 dans la citadelle récemment bâtie par Charles Quint, pour les garantir de la fureur des guerres de la Flandre; et l'année suivante on les porta avec grande solennité dans l'église collégiale de St-Bavon qui est maintenant la cathédrale (1).

Vers l'an 670, la Morinie fut plongée dans le deuil par la mort de saint Omer, évêque de Thérouanne; il gouverna ce diocèse l'espace de trente ans; depuis, le mont Sithieu qui lui appartenait, reçut son nom ; c'est aujourd'hui la ville de St-Omer, à quatre lieues de Merck-St-Liévin.

Ce village eut la douce consolation de recevoir sa parole, c'est ce qu'il fit entendre lui-même aux habitants de Wavrans (2), au milieu desquels il s'endormit dans le seigneur. « Il n'est aucune partie de mon diocèse que je n'aie » visitée , il n'est aucun coin du pays des Morins que je » n'aie tenté de défricher. » (3)

En ce temps, saint Bertoul , Allemand de nation , édifiait les habitants de Renty (4), il y fit bâtir quatre églises considérables; assisté de Wamberg, comte de Fauquembergues, il fit également construire un couvent de religieux, sous le vocable de saint Denis, dont il eut la conduite jusqu'à sa mort, arrivée le 5 février 705.

Si de saints prédicateurs parvinrent ainsi par leur courage à renverser les idoles des Morins, pour y substituer le culte du vrai Dieu, ils ne purent toutefois mettre ces contrées à l'abri des irruptions d'une infinité de barbares qui les ravageaient sans cesse.

(1) Saint Liévin est en très grande vénération à Gand où il fait aussi l'objet d'un célèbre pélérinage; en 1839, on remarqua dans la cathédrale de St-Bavon, beaucoup de personnes agenouillées devant la 16e chapelle, dite de St-Liévin . Elle contient un magnifique tableau , peint par Seghers, représentant le martyre du saint Archevêque, (*Dunkerquoise*, journal du 31 mai 1842, D. C.)

(2) Le village de Wavrans, tient à celui de St-Liévin.

(3) Histoire de l'église de St-Omer.

(4) A une lieue de Merck-St-Liévin.

Pour gouverner les Morins, les Diabintes et les Ména-
piens (1); afin de les préserver aussi des attaques des peuples du Nord, Clotaire II, roi de France, avait établi chez
eux en 618, Lidéric du Buc, avec le titre de seigneur
forestier; il habitait un château de ce nom, où s'élève
actuellement la ville de Lille. Dans la suite, Bauduin,
Bras-de-fer, le 9ᵐᵉ des forestiers, épousant en 863,
Judith, fille du roi de France, Charles-le-Chauve, reçut
pour la dot de sa femme le pays des Diabintes, qu'il éri-
gea en comté et prit le nom de Flandre.

Néanmoins, cette province n'avait pu jouir encore d'une
parfaite tranquillité. Les Normands et des pillards d'Albion,
étaient débarqués à plusieurs reprises en ces contrées et
avaient jeté partout l'effroi et la désolation; ils y vinrent
de nouveau en 981; Merck-St-Liévin fut alors témoin
d'une lutte qui s'engagea au nord de Fauquembergues, sur
les bords de l'Aa; l'action fut très chaude, elle eut lieu
quelques jours après la destruction du monastère de St-
Denis de Renty. Arnould, comte de Flandre et Rodolphe
roi de Bourgogne, prirent le camp des Normands, après
une bataille sanglante qui dura depuis deux heures après-
midi jusque dans la nuit; une partie des barbares du nord
jonchèrent la terre de leurs cadavres; après ce rude échec,
et vers le dixième siècle surtout, nos contrées furent enfin
délivrées de ces pirates.

L'heure des croisades était sonnée; Philippe 1ᵉʳ,
roi de France, avait fait appel à la noblesse de l'Artois et
du Boulonnais; Merck-St-Liévin, eut aussi à fournir son
contingent pour la guerre sainte. Ce fut le 15 août 1096
que ces guerriers se trouvèrent au rendez-vous de la gloire.
Le grand Godefroid de Bouillon les passa en revue sur la
place d'Abbeville. Parmi ses compagnons d'armes et de
dangers, il compta 1200 Boulonnais, et une foule considérable d'Artésiens. Honneur à ces braves! le courage et
la franchise furent à toutes les époques le trait distinctif
de leur caractère; aucune province de ce noble pays de

______

(1) Ces peuples habitaient la Flandre et le Brabant.

France , ne produisit un plus grand nombre de familles historiques, où la valeur était héréditaire; leurs glorieuses bannières ont été arborées sur les murs de Solyme , de Ptolémaïs, de Bysance; les plaines de Crécy, d'Azincourt, de Poitiers, les villes d'Hesdin, de Thérouanne, de Renty, les bords de l'Aa ont entendu leurs cris de guerre et ont été rougis de leur sang (1).

Cependant la paix fut rendue au pays vers le 12me siècle; les trêves de Dieu, dues à la bienfaisante influence du clergé, firent de plus cesser les guerres féodales ; une ère de bonheur recommença. Merck-St-Liévin devint alors florissant, et sa population augmenta considérablement : il comprenait le Val, Cloquant, le grand et le petit Manilier , Avroult , Warnec et le Foreté. Il avait à lui ses Chartes, ses us et ses coutumes particulières (2) ; ses processions aux fêtes natales et à la St-Lièvin, ses foires, ses marchés et sa kermesse comme aujourd'hui au 28 juin.

La commune avait le titre de Seigneurie; c'était à Warnec que le noble comte Guffroy résidait dans un château fort, défendu selon la mode du temps , par des tourelles , des créneaux, des viviers et des ponts-levis; la rivière de l'Aa baignait ses murailles, tandis qu'à l'Orient la nature l'avait fortifié par un tertre de plus de trois cents pieds d'élévation.

Cette illustre maison , sous la domination espagnole , jouissait du droit d'asile, ou de sauve garde : il fut exercé pour la dernière fois au siège d'Aire en 1676 , lorsque Louis XIV, dans l'éclat de toute sa gloire, envoya le maréchal d'Humières assiéger cette ville à la tête de 15,000 hommes. (3)

(1) Harbaville.

(2) Le même.

(3) Cette conquête rapide donna lieu à la médaille suivante , qui a été publiée par Van-Loon , et dont le coin existe encore. La tête de Louis XIV: Ludovicus magnus, rex Christianissimus. Au revers: transeuntis exeritus et expeditio , à l'exergue arià captâ. M. D. C. L. X. X. VI. Aire, prise en 1676.

L'origine des Asyles dans les temples et autres lieux respectés, remonte à la plus haute antiquité. On en trouve des exemples en 598 dans l'Orient ; les églises d'Afrique l'exerçaient aussi; un concile de Carthage tenu le 27 avril 599, sollicita des empereurs une loi qni défendit d'enlever des églises, ceux qui s'y réfugiaient. C'est elle qui, sous le consulat de Théodore, sauva la vie à Eutrope, en faveur de qui saint Jean Chrisostôme fit un discours sublime (1).

En ce temps Merck-St-Liévin possédait une superbe église sous l'invocation de ce grand saint, et de saint Omer; le bâtiment tout en pierre de taille avait un vaisseau riche et parfaitement beau. (2)

Elle était fréquentée par un concours immense de pélerins, venant du Boulonnais, de l'Artois, de la Flandre , de l'Angleterre et autres lieux (5); à la fête de la translation de saint Liévin, qui arrive chaque année au 28 juin , on a vu le nombre des étrangers s'élever à plus de douze mille (4). Son pelerinage si célèbre, commençait comme aujourd'hui la veille de St-Pierre. On y vient en foule vénérer la relique du saint martyr, provenant de l'église de St-Pierre à Gand, apportée en ce lieu vers l'an 1500 par le comte Guffroy, seigneur de Warnec (5).

(1) Fleury, hist. eccl.

L e R. P. Leclerque.

(3) H. Piers. Seulement pour ceux du Boulonnais; voici ce que rapportait la *Dunkerquoise* du 24 mai 1842 : M. D. C. revenait de Boulogne le 27 juin 1841. « Je vis apparaître, dit-il, sur ma gauche, à une faible distance de Saint-Liévin , une masse innombrable de femmes , d'hommes et d'enfants. Etonné d'une telle rencontre, je m'arrêtais ; et la troupe bruyaute et folâtre avançant toujours, je me vis bientôt entouré de plus de deux cents personnes, que je reconnus pour des matelots et des matclotes du Boulonnais. » — Ils allaient à St.-Liévin pour l'ouverture de la neuvaine.

(4) Le R P. Leclerque.

(5) Warnec est un hameau de Merck-St-Liévin. Au dire du journal précité, le pélerinage de St-Liévin l'emporterait sur ceux si renommés de Teleghem et d'Arnick, dans les cantons de Dunkerque et de Cassel.

C'était assurément un beau jour que celui où cette précieuse relique fut installée à Merck-St-Liévin. Jacques, évêque de Thérouanne, accompagné de son clergé, présidait à la cérémonie; revêtu de ses habits pontificaux, la crosse à la main, entouré d'un grand nombre d'ecclésiastiques et d'une foule considérable de peuple, il recevait cette relique vénérée.

Le noble comte avait mis pied à terre; derrière lui était respectueusement son écuyer, tenant son cheval par la bride, la tête nue, prosterné aux pieds du prélat; le seigneur de Warnec recevait la bénédiction, en lui présentant une châsse magnifique, dans laquelle reposait la relique du grand saint.

Afin de perpétuer le souvenir d'une aussi belle cérémonie, le comte de Guffroy la fit peindre dans la chapelle du glorieux archevêque martyr. Il savait que les peintures et les images sont comme les livres des simples, et par là même, un moyen sûr pour connaître un fait et le rendre plus populaire (1).

Merck sut apprécier un tel cadeau de la part de son seigneur. En reconnaissance, le noble comte eut des droits et des privilèges dans cette église; ils passèrent à l'auguste maison des Croy auxquels ils succédèrent en devenant aussi maîtres et seigneurs de Warnec. Leurs officiers de justice prenaient en leur nom la qualité de premiers administrateurs des obligations, offrandes, biens et revenus qui appartenaient à ladite église.

Cette illustre maison eut une suite de princes qui ont servi avec distinction la religion et la patrie.

1° Jean de Croy, tué à la bataille sanglante d'Azincourt, le 25 octobre 1415, et inhumé dans l'abbaye de St-Bertin, à St-Omer (2);

2° Ferry de Croy, seigneur de Rœux, chevalier de la

(1) Archives de la fabrique.

(2) Azincourt est à 4 lieues de St-Liévin.

Toison-d'Or, grand-maréchal de l'empereur Charles-Quint, mort en 1524;

5° Guillaume de Croy, prince de Chimay, premier marquis de Renty;

4° Maître Eustache de Croy, évêque d'Arras, décédé à l'âge de 53 ans, en 1550;

5° Adrien de Croy, gouverneur de l'Artois, comte de Rœux, chevalier de la Toison-d'Or, baron de Renty, chambellan de l'empereur Charles-Quint, décédé au château d'Upen, en 1555, avant la fin du siége de Thérouanne (1);

6° Gaston de Croy, baron de Renty, principal fondateur de la communauté des frères Cordeliers, institués en 1645;

7° Charles-Philippe de Croy, marquis de Renty, et Marie-Fernandine de Croy, épouse du prince d'Egmont, à qui elle apporta en dot le marquisat de Renty;

8° Enfin haut et puissant prince Ferdinand-Gaston-Joseph de Croy, prince du St-Empire, chevalier de la Toison-d'Or, dernier seigneur de Merck-St-Liévin, à Warnec, et puissante dame Louise-Françoise Dehamèle, princesse douairière de Croy, parrain et marraine d'une cloche de l'église de cette paroisse, fondue en 1725, par Pierre Laplace (2).

Avant la destruction du château de Warnec, tous les matins et soirs l'air retentissait d'un coup de canon. C'était le marquis de Renty qui à son lever ou à son cou-

____

(1) Upen est à 2 lieues de St-Liévin.

(2) Cassée avant mon arrivée dans cette paroisse, elle fut refondue à St-Martin-au-Laërt, près St-Omer, au mois de septembre 1856, par les soins de M. Basile Dégremont, alors maire de St-Liévin.

Autorisé par M. Dumetz, vicaire-général, grand-doyen de l'arrondissement de St-Omer, j'ai béni cette nouvelle cloche, dont le parrain et la marraine ont été Aimable Caron et Marie Joly, propriétaires.

cher saluait son frère, le seigneur de Merck-St-Liévin, auquel ce dernier répondait par un autre coup.

Après cette époque, la branche des princes de Croy se fondit en plusieurs grandes maisons du pays, telles que celles d'Egmont, de Lalaing, de Ligne, de Croy, dont un illustre membre existe encore aujourd'hui, Son Eminence Monseigneur le Cardinal, Prince de Croy, Archevêque de Rouen et grand aumônier de France (1).

En 1520, les habitants de Merck-St-Liévin eurent de nouveau à redouter une excursion que les bourgeois de St-Omer firent dans les environs. Insultés par des hommes de Renty et de Seninghem, les Audomarois s'arment pour venger leur honneur. Le mayeur fait sonner la grosse cloche et convoque les bourgeois à la halle échevinale. La petite armée marche en bon ordre, et bannière au vent; les deux bourgades sont successivement assaillies, emportées et soumises au terrible droit d'arsin. Ce droit consistait à démolir ou à incendier les maisons de ceux qui avaient forfait envers la commune (2).

En 1560, l'infortuné Jean, roi de France, passa à

(1) La propriété sur laquelle s'élevait au moyen-âge le château de Warnec, est passée par succession à M. le comte de Raigecourt et à Mme sa sœur, la marquise de Las Cases, née de Raigecourt.

M. Jacques Simon, adjoint au maire de la commune, et M. Philippe Godard, son frère, occupent présentement la ferme et ses dépendances. Le moulin sur l'Aa est occupé par M. Louis Grare. Ces messieurs ont pour receveur particulier, M. Suing, propriétaire à Arras.

(2) Je laisse aux archéologues de savoir si on doit rapporter à cette époque la destruction du château de Seninghem. Un prince de Croy possédait cette terre en 1475.

M. Biausque, propriétaire, dans des fouilles faites par lui-même en 1841 et 1842, y a trouvé des monuments artistiques qui révèlent la plus haute antiquité, tels que clefs, pièces de monnaies, vitraux, statues, têtes de bouc, de tigre, d'aigle, des débris de colonnes, de chapiteaux, les fondations d'une chapelle, des pierres d'ogives, le tout parfaitement conservé; ce serait une précieuse acquisition à faire pour l'un de nos musées du département.

Merck-St-Liévin au retour de sa captivité d'Angleterre, pour se rendre à sa cour. Il y était venu de St-Omer par Avroult, de là à Fauquembergues, Fruges, Hesdin, etc.

Quelques années plus tard, c'est-à-dire en 1371, notre village n'eut point à se rassurer sur un second passage d'un genre tout différent. Robert Knolles, général anglais, à la tête de vingt mille hommes, aborda à Calais. Après avoir saccagé Fauquembergues et les environs (1), il vint devant Thérouanne qu'il n'osa attaquer et se dirigea ensuite vers Paris, où lui et toutes ses troupes furent affamées et exterminées par Duguesclin, nouveau connétable.

Si Merck-St-Liévin peut se glorifier d'avoir donné le jour à quelques nobles rejetons de l'illustre maison des princes de Croy, il peut encore s'attribuer l'honneur d'avoir vu naître, à Warnec, messire Allart Trubert, seizième abbé de la célèbre abbaye de St-Bertin, en 1420 (2). C'est à lui que les religieux de ce monastère durent la réduction de quatre cents florins au lieu de huit cents, pour le service de la chambre apostolique, selon les statuts du concile de Constance. C'est ce qu'on lit au seizième chapitre du Continuateur d'Ipérius. Cet Allard, dit-il, fit interpréter et confirmer par Martin V, le privilège de Calixte II, touchant l'élection des abbés de St-Bertin (3).

Dans ce temps, il existait à Merck-St-Liévin, sur une terre dite aujourd'hui le Petit-Bruveau, une commanderie de Templiers appartenant aux princes de Croy (4).

(1) Merck-St-Liévin tient presqu'à Fauquembergues.

(2) H. Piers.

. (3) Histoire de l'église de St-Omer.

(4) Geoffroy, de la maison de St-Omer, institua cet ordre vers l'an 1118. Le pignon de la grange d'Aimable Dégrémont, située à St-Edon, a été bâti avec les débris de cette maison, ainsi que plusieurs autres habitations construites à Masnai, près Merck-St-Liévin.

Cette commanderie de Templiers à St-Liévin a donné lieu à une fable à laquelle une grande partie du village ajoute encore foi. Ne sa-

Une autre maison de cet ordre existait aussi à Thiem-bronne, que Clarembeau, seigneur de l'endroit, y avait fait bâtir vers l'an 1174 (1).

Si dans les siècles précédents, Merck-St-Liévin eut de temps en temps à souffrir de la guerre et à gémir sur les maux qu'elle entraîne ordinairement avec elle, ce fut bien pire dans le 15e siècle, où rien né devait être respecté.

En 1521, une guerre terrible s'alluma dans l'Artois entre l'empereur Charles-Quint et François Ier, roi de France. Cette guerre dura l'espace de vingt-cinq ans.

A cette époque, le duc de Vendôme s'était rendu maître de la ville d'Hesdin; les places voines, jusqu'à Renty, étaient toujours restées sous l'obéissance du roi de France. Après quelques succès obtenus de part et d'autre, les deux monarques signèrent un traité de paix à Cambrai, le 5 août 1529, par lequel le comté d'Artois, quelques places excepté, appartint au roi d'Espagne.

En voici un extrait tiré des coutumes générales d'Artois.

« Le comté d'Artois est enlevé au seigneur roi de France et ses successeurs. Leurs juges et officiers quelconques ne pourront jamais quereller ou demander au-

---

chant comment expliquer ces ruines, on a cru que saint Edon, en latin Etto, contemporain de saint Liévin, prince irlandais comme lui, était venu en cet endroit pour y bâtir une église. Saint Liévin voulant l'éle-ver où elle est actuellement, l'aurait emporté sur son rival ; en sorte , dit-on, qu'au fur et à mesure il aurait, par sa toute puissance, démoli la nuit ce que saint Edon édifiait le jour.

Les Templiers étaient un ordre militaire, institué à Jérusalem pour défendre les pélerins des insultes des infidèles et pour garder les passages libres à ceux qui faisaient le voyage de la Terre Sainte. Ils prirent le nom de Templiers de la première maison , qui leur fut donnée par Baudin II, roi de Jérusalem. et qui se trouvait auprès du lieu où avait été autrefois le temple de Salomon. Cet ordre fut supprimé par Phi-lippe-le-Bel, roi de France, à la suite d'un décret du souverain pontife Clément V, en 1512.

(1) H. Piers. — Harbaville.

cun droit, dommage, pairie, juridiction, ressort, souveraineté en quelque manière ou façon que ce soit....

» Sauf seulement la cité de Thérouanne et les dépendances d'icelle, si aucune y en a qui ne soit du comté d'Artois, ressorts et enclavements, et les dix-sept villages du Boulonnais, mentionnés audit traité....

» Les autres étant enlevés audit comté d'Artois, et tous droits quelconques, sans rien tenir ni réserver audit seigneur roi très chrétien, tant pour lui que ses successeurs rois de France, nous a absolument et entièrement de nouvel donné, cédé, transporté, par ledit traité de paix fait à Cambrai, les séparant et démembrant perpétuellement et à toujours de ladite couronne de France.

« Donné en notre ville de Malines, le 20 juin 1530.

« CHARLES-QUINT. »

Pour me servir encore de ses expressions, il institua alors pour gouverner l'Artois (1) « Notre très cher et féal cousin messire Adrien de Croy, comte de Rœux, chevalier de l'ordre de la Toison-d'Or, grand maître d'hôtel, etc.; pour régler et conduire ce conseil, notre féal et révérend père en Dieu et maître Eustache de Croy, notre cousin, évêque d'Arras. » (2)

Cette paix conclue entre les deux monarques ne fut point de longue durée; la guerre se ralluma bientôt avec un nouvel acharnement. Déjà Charles-Quint s'était rendu maître de la ville de Thérouanne. Le vainqueur, irrité de la résistance que nos braves Français lui avaient opposée, brûle et renverse de fond en comble cette ville malheureuse. De là ce chronographe si simple et si bien adapté à cette terrible catastrophe : *Deleti Morini* (Thérouanne détruite, 1553).

(1) Aux états d'Artois tenus en 1414, siégaient, comme députés, Testart et David, d'Avroult (Merck-St-Liévin).

(2) On voit le mausolée de cet illustre évêque dans une chapelle latérale, en entrant à gauche dans l'église Notre-Dame, à St-Omer.

C'était peu pour le monarque espagnol, il lui fallait encore une victoire; l'arrêt de la ville de Renty est prononcé.

Henri II, roi de France, qui avait succédé à son père, vole à la défense de cette cité. Le 8 août 1554, il se trouvait à Fruges, accompagné du duc de Vendôme, après avoir laissé sa cavelerie légère à Fauquembergues.

Gaspard de Coligny, deuxième du nom, colonel-général de l'infanterie française et maréchal de France, contraint d'abandonner ses projets sur St-Omer, se trouva le même jour à Merck-St-Liévin, entouré du maréchal d'Aumont, du marquis de Puysegur, du comte de Lannesan et d'Henri Du Beaumanoir.

Charles-Quint s'y rencontra avec lui à la tête de son armée, étant accompagné du cardinal de Granvelle, évêque d'Arras (1). Sans perdre de temps, le monarque espagnol dirige son attaque vers le bois de Renty dit le bois Guillaume.

Plus heureux qu'à Thérouanne, nos Français remportèrent la victoire, et laissèrent dix-huit cents Espagnols sur le champ de bataille.

Ce fut en 1638, à la capitulation de Renty, par M. de Calonne, gouverneur de cette place, que Merck-St-Liévin perdit ses trois cloches estimées dix-huit mille florins (2); elles furent enlevées par le maréchal de Chatillon. Une quatrième, pour la sauver des mains de l'ennemi, avait été jetée dans l'Aa, à cent cinquante mètres de l'église, dans un endroit profond nommé Fausse-Faille (3), vis-à-vis la prairie d'Alexis Lefebvre; on ignore ce qu'elle est devenue.

Notre malheureux village partagea alors le sort de la

(1) H. Piers.

(2) H. Piers.

(3) Près du chemin qui conduit à Fauquembergues.

ville de Renty. Son château (1) fut détruit et entièrement rasé, sa belle église fut pillée et livrée aux flammés.

Une partie des habitants s'étaient refugiés au pied des autels. C'était surtout leur glorieux patron qu'ils invoquèrent pour les délivrer de la fureur de leurs ennemis. St-Liévin ne leur manqua point dans cette circonstance. Déjà plusieurs avaient été passés au fil de l'épée ou étaient devenus la proie des flammes ; quatre-vingts autres malheureux refugiés dans le clocher, devaient éprouver le même sort, mais ils se réclament à saint Liévin dans ce péril extrême ; après s'être munis du signe de la Croix et recommandés à Dieu, ils se lancent dans le cimetière où ils se trouvèrent sains et saufs. (2)

Forcé de se retirer sans gloire, l'empereur Charles Quint continua toute fois de faire la guerre à la France avec des succès toujours balancés.

Enfin, fatigué du métier des armes, vieilli par les maladies, et détrompé des illusions humaines, il se demet de la couronne d'Espagne en faveur de Philippe, son fils. après cette abdication, il partit pour le monastère de St-Just, où il vécut obscur et n'en sortit jamais. *Sic transit gloria.*

(1) Il n'en reste plus que la ferme. M. Jacques Simon y faisant des fouilles en 1841, y trouva des mosaïques, un puits, des aqueducs et deux squelettes humains, parfaitement conservés; ils étaient sur le dos placés à la suite l'un de l'autre; à quelques pas d'eux gissait un barreau de fer.

On remarque dans le tertre qui fortifiait le château, une entrée de cave tout près de l'Aa. On y a tiré, il y a quelques années, quantité de belles pierres qui ont servi pour bâtir.

(2) Un de ces malheureux était Guillaume Lefebvre. M. Harbaville rapporte ainsi ce fait : « Quatre-vingts habitants traqués par les gens de guerre. se réfugièrent dans la tour ; les soldats pour les faire sortir les y enfumèrent, les malheureux suffoqués par la vapeur étouffante, se retirèrent sur l'étroite plate forme qui ne pouvait tous les contenir. L'un d'eux dans cette extrémité se recommandant à St-Liévin, sauta bravement dans le cimetière, et se releva sain et sauf, tous alors l'un après l'autre, comme les moutons de Paturge, firent le saut périlleux et le firent impunément bien sauté.

Thérouanne, Renty et Merck–St-Liévin n'existaient plus que de nom. Cet évêché de la vieille Morinie, constitué dès le 6^{mee} siècle, illustré par tant de saints Pontifes, de Cardinaux et de Papes, ne devait plus survivre à l'année fatale de 1553.

Il fut partagé par le souverain pontife Paul IV en trois nouveaux évêchés, St-Omer, Ipres et Boulogne. La paroisse de St-Liévin appartint à ce dernier, Son église fut reconstruite alors telle que nous la voyons aujourd'hui, à l'aide des offrandes des pélerins, sous les ordres et par les soins de l'illustre maison des princes de Croy. (1)

Ses fondements furent jetés en 1571 et elle ne fut entièrement terminée qu'en 1687. La tour du sol à l'extremité de la flèche, la croix non comprise, a 200 pieds d'élévation. Elle est ceinte vers le milieu d'une superbe galerie ornée de niches, d'un clocheton et de riches vases diversement variés. D'après l'expression de M. Piers, elle est remarquable par son architecture hardie (2), son portail est majestueux, exécuté avec ordre et précision ; la maçonnerie toute en pierres de taille est d'un fini qui ne laisse rien à désirer.

L'église répond à la tour; elle a deux nefs dont une formant la chapelle de saint Liévin; elle a 150 pieds de longueur.

Sur un côté de la tour se trouve une petite porte d'entrée; elle est surmontée d'un écusson aux armes des prin-

---

(1) Le 7 juin 1842, on a trouvé dans le cimetière, à dix pas de la tour, les tristes débris de sa première église; des monceaux de pierres, de corniches, de piliers et de cordons, étaient là à un mètre de profondeur, depuis près de quatre siècles. M. Basile Dégrémont, maire de la commune en a fait enlever trois chariots à quatre chevaux pour jeter les fondations d'une énorme grange qu'il construisit alors. Le *Guetteur* de St-Omer et un journal d'Arras en ont fait mention dans un numéro de 15 juin 1842.

(2) Harbaville a dit : « la tour est d'une architecture remarquable par sa hardiesse. »

ces de Croy, artistement sculpté. Deux hercules tiennent une couronne d'une main, de l'autre une massue. Leurs armes se trouvent au milieu d'eux, entourées du collier du saint Empire de la Toison-d'Or. (1)

Vers le chœur en dehors, sur la même ligne, on remarque une ancienne porte au dessus de laquelle est aussi un écusson en grés avec le chiffre de 1571 ; c'était par là qu'autrefois les nobles seigneurs de Warnec entraj ... dans le lieu saint.

Relevée ainsi de ses ruines, l'église recommença à être fréquentée plus que jamais; des marins du Boulonnais, de la Flandre, de la Normandie, de la Bretagne et une foule de pélerins de divers points de la France allaient tous '... ans dans ce temple renommé, pour y suspendre leurs offrandes, implorer la protection de l'Éternel (2) et obtenir la guérison des maux réputés incurables. (3)

Merck-St-Liévin, appartenait à l'Espagne (4) depuis le traité des Pyrénées, il redevint définitivement à la France par celui de Nimègue en 1678 et fut soumis à la juridiction de Boulogne, en adoptant ses lois, ses usages et ses coutumes.

Chaque bailliage et chaque châtellenie avait les siennes particulières (5). Leur origine se perd dans la nuit des siècles ; transmises d'âge en âge, elles furent rédigées

(1) Le même écusson existait sur la cloche refondue en 1837, un semblable se trouve encore aujourd'hui au dessus de la porte du moulin de Warnec, il porte la date de 1717.

(2) H. Piers.

(3) Harbaville.

(4) On remarque encore dans nos campagnes un reste du costume Espagnol ; c'est un long vêtement noir appelé faille, dont se servent surtout les vieilles femmes lorsqu'elles vont à l'église.

(5) La loi contre les usuriers d'alors est remarquable ; l'interdiction de l'entrée de l'église était leur seule note d'infâmie.

pour la plupart en 1507 et en 1509, homologuées par l'empereur Charles-Quint le 5 mars 1544.

Malgré tous ces changements, et ces opérations diverses, l'église de Merck-St-Liévin avait su conserver les biens et les revenus dont elle avait été dotée à diverses époques; ils s'élevaient à la somme de treize à dix huit cents francs, provenant de plus de trente mesures de terre, données au 15ᵉ et 16ᵉ siècle.

A la gloire de leurs descendants, je citerai le fonds sur lequel s'élève notre église , donné par les plus hauts et puissants seigneurs de Warnec.

En 1635, Antoine Cardon, Jacques Wuirquin, et quelques années après Jean Joly et Antoine son fils la gratifièrent le 9 février 1666 de plusieurs mesures de terre.

Alors maître Michel Thanotel, curé de la paroisse, avait titre de doyen, deux vicaires sous lui et un chapelain uniquement occupé à la chapelle de St-Liévin. (1)

En ce temps la fabrique indépendamment de son église et de son cimetière, possédait un presbytère et deux maisons vicariales avec cours, jardins, pâtures et houblonnière.

L'ancien cueilloir de 1670 de la terre et seigneurie de Merck le rapporte ainsi. J'ai transcrit religieusement ces titres par lesquels de pieux fondateurs avaient assuré ainsi le service religieux de leur paroisse.

« Le curé de Merck-St-Liévin, pour le lieu de son
» presbytère qu'il tient de ladite église , contenant six
» quartiers ou environ, listant vers midi au jardin appar-
» tenant à ladite église, d'autre part à François Bourable,

____

(1) Maître Charles le sot, vicaire de St-Liévin, décédé le 17 janvier 1743, fut inhumé dans la chapelle de St-Liévin, près de l'autel , par M. Luto curé, en présence de MM. Joly et Thubanville vicaires de la paroisse et de M. Bloquet vicaire d'Avroult.

» paravant Cécile Devôre, sa mère, au lieu de Jean Danel,
» vivant Pailly, dudit St-Liévin (1), debout vers orient à
» la rue qui mène dudit Berck à Lauquembergues, d'au-
» tre à la rivière, pour lequel manoir, ledit curé est obligé
» de mettre et pourvoir une lampe ardente en l'église
» dudit St-Liévin, qui doit être allumée toutes les fois
» qu'on dit la messe, laquelle doit ardoir et brûler depuis
» que l'on sonne le premier coup jusqu'à la fin d'icelle et
» si à défaut d'icelle, lesdits mayeurs et échevins en ladite
» qualité ci-dessus peuvent reprendre ledit bien, manoir
» et le tenir en leurs mains, tant que ledit défaut soit sa-
» tisfait et rempli. »

« De deux maisons vicariales, l'une était bâtie sur un
» petit manoir amazé contenant six verges environ, listant
» au cimetière; d'autres, vers le soleil aux terres à champs;
» debout vers midi aux héritiers Jacqueline Caron. »

L'autre était située aussi : « Dans un manoir amazé
» contenant une demi-mesure environ, listant à une
» autre partie dudit manoir que ladite église a vendu à
» Guillaume Lefebvre père et fils, d'autres vers midi au
» manoir ci-devant. » (2)

Le chapelain habitait un appartement dans l'église au dessus de la sacristie.

Aux fêtes natales, son magnifique clocher faisait entendre ses quatre cloches, dont la plus petite nommée Lamberde a été répandue le 15 mai par M....... ses enfants et Nicolas Douillet (5).

(1) En 162 f (Archives de la fabrique l'une de ces maisons vicariales a été démolie le 16 décembre 1808, celle qui existe encore a été vendue à la veuve Vêtu.

(5) J'ai copié exactement ces mêmes mots tracés en caractères anciens, sur une pierre dans le clocher. Un nom et la date de l'année avaient été effacés par le temps.

J'ai également copié les noms de la princesse de Croy, dame Lamberde de Brimeux, sur le superbe mausolée, en marbre noir, du prince de Croy, évêque d'Arras, placé en octobre 1538, dans une chapelle latérale de Notre-Dame à St-Omer.

Une princesse de Croy haute et puissante dame de Brimeux, comtesse douairière du Rœux , mère de Monseigneur Eustache de Croy , évêque d'Arras , s'appelait aussi Lamberde comme cette petite cloche. Cette ressemblance me porterait à croire qu'elle lui aurait donné son nom , comme haute et puissante Dame Duhamèle princesse douairière de Croy l'a fait plus tard, devenue marraine de la grosse cloche en 1725.

L'église avait ses receveurs particuliers, Jean Joly vers l'an 1655 et Joseph Labbé de Fauquembergues. Au 13 janvier 1723, Antoine Cardon occupait cette place; décédé à l'âge de 75 ans , même année , il fut inhumé dans la chapelle de St-Liévin. A cette époque la chapelle d'Avroult était desservie par un chapelain dépendant du curé de St-Liévin ; les baptêmes, les mariages et les inhumations se sont toujours faits dans cette dernière église. (1) Elle avait pour curé en 1640 M. Flament qui fut remplacé par M. Devin, au milieu de l'année 1660; il eut pour successeurs MM. Marcille, Pasquier, Delpouve et M^{tre} Lagache jusques à l'an 1724.

Alors le Jansénisme travaillait le monde chrétien; c'est aux erreurs de cette doctrine que M^{tre} Lagache , curé de cette paroisse dut son changement opéré en 1724. Il fut remplacé par M^{tre} Jacques Bonnière , chanoine de Fauquembergues.

Le 9 août de la même année, on fit un réglement pour l'administration des biens de l'église, à la suite d'un procès intenté entre les bailly, gens de lois et les marguilliers de la paroisse. D'après une ordonnance rendue par Messire

---

(1) M. Collart, curé de St-Liévin en 1808, abandonna tous ses droits sur la chapelle d'Avroult pour lui et ses successeurs, afin de procurer une honnête existence au vicaire qui la desservait. Cette chapelle fut bâtie en 1520 par dame de Guillemine d'Avroult , à qui l'évêque de Thérouanne alors permit d'avoir un chapelain dépendant du curé de St-Liévin. Aujourd'hui Avroult est érigé en succursale, seulement depuis le mois de juillet 1842.

Christophe-Louis Croix de Beauffort , comte de Croix , seigneur de Moulle, Houlle et autres lieux, grand bailly héréditaire des ville et bailliage de St-Omer: Wuilquin, alors bailly de St-Liévin.

Ce réglement ordonnait aux marguilliers et administrateurs de placer un coffre à trois clés différentes dans la sacristie ou autre endroit sûr de l'église , l'une des clés devait être remise en mains du curé, l'autre en celle du seigneur ou bailly pendant son absence, la troisième au premier marguillier en charge. Tous les papiers , titres , mémoires de ladite église, tant anciens que nouveaux,devaient être renfermés dans ce coffre avec défense d'en enlever aucun sans y avoir déposé un récepissé. Les moines de St-Bertin étaient obligés d'entretenir le chœur de l'église pour certains droits et privilèges que cette abbaye avait sur elle. Quant au spirituel elle était du diocèse de Boulogne, pour le temporel elle suivait les us et coutumes d'Artois.

En 1749 , Monsieur Delahay avait succédé à maître Larière, M. Bondel et M. Flament étaient ses vicaires,avec M. Obin attaché comme chapelain à la chapelle de St-Liévin, 1774.

L'église alors était dans toute sa splendeur , tous les ans 43 obits , devaient être acquittés pour diverses fonfondations faites aux siècles précédents ; tandis qu'un tronc placé sur le calvaire du mont d'Avroult recevait pour elle d'abondantes aumônes.

Déja l'illustre et savant évêque de Boulogne , Monseigneur de Partz de Pressy comme ses prédécesseurs avait plus d'une fois visité cette paroisse ; c'était aussi les plus beaux jours de son pélerinage.

On se plaisait à entendre raconter les miracles de ce grand saint qui avait illustré les pays bas. La foi était immense ; la religion scrupuleusement observée, aucun article n'était révoqué en doute, on ne raisonnait point, on admirait et tout le monde était heureux.

Alors Merck–St-Liévin, se glorifiait d'avoir reçu en présent un bel ornement de damas rouge, avec les franges d'or, estimé à plus de six cents florins. Il avait été donné dans le 16me siècle, par un marchand de Lille, ayant recouvré la vue et la santé par l'intercession de ce grand saint.

Le révérend père Leclercque de la compagnie de Jésus, rapporte à cette occasion que le célèbre Malbrancq avait officié dans la chapelle de St-Liévin avec ce riche et magnifique ornement. (1)

A cette époque on remarquait aussi non sans émotion, un suaire déposé sur l'autel du glorieux martyr, par le greffier de Flines, près du bourg de Raches, dit St-Léonard; attaqué d'une maladie violente, ses parents le crurent mort; déjà le malheureux avait été placé et enseveli dans un suaire, l'espace de douze heures. Mais, O miracle! ils invoquèrent St-Liévin avec tant d'ardeur et de foi, que tout-à-coup il donne des signes de vie, et recouvre totalement la santé.

Pour publier cette grâce extraordinaire, le susdit greffier vint en personne à Merck-St-Liévin, remercier son digne bienfaiteur, en déposant dans la chapelle le suaire dont je viens de parler.

Wallerand Sond, bourgeois de la ville d'Hesdin, avait aussi fait à quelque temps de là son pélerinage dans ce lieu si renommé; il était parent de Monsieur le doyen de la paroisse.

Un jour qu'il était allé chercher un chariot de sable, il

(1) C'est l'illustre Jacques Malbrancq, savant jésuite, né à S-Omer en 1580 et mort à Tournay en 1653. Il a fait plusieurs ouvrages très estimés, entr'autres celui de *Morinis et morinorum rebus*, en 1629.

demeura enseveli dans la fosse d'où on le tirait. Aussitôt ses domestiques se jetant à genoux et implorant la protection de St-Liévin, travaillent de toute leur force pour sauver leur infortuné maître; ils parvinrent en peu de tems à le retirer comme mort avec la face toute couverte de sang; quelques minutes après il est rappelé à la vie. Ne doutant de sa délivrance miraculeuse , il vint aussitôt à St-Liévin rendre des actions de grâce à son libérateur. (1)

Si les habitants de cette commune, devaient bénir le ciel pour tant de prodiges, et de miracles opérés tous les jours au milieu d'eux, ils n'avaient pas moins de motifs , pour remercier la providence du haut et puissant seigneur dont ils étaient les vassaux.

La noble maison de Croy aimait le peuple : généreuse autant que désintéressée, elle cherchait par des moyens bien simples et quelquefois même par des fêtes à alléger les charges qui pesaient sur lui; ainsi pour tout droit seigneurial, on rapporte une cérémonie , à laquelle était tenue chaque année, une famille de Merck-St-Liévin. Elle se répéta pour la dernière fois en 1788.

Le jour de la St-Jean on se rendait en habits de fête , sur la place dite le Wamelet, où se rassemblait au son de la musique, toutes les jeunes personnes du village. C'était à la plus sage comme à la plus vertueuse qu'était destinée une couronne de fleurs (2) , la victoire de la jeune vierge remportée sur ses compagnes était proclamée par plusieurs coups de fusil que tirait le garde-champêtre.

Trop heureux habitants vous ne devez plus voir désormais ces beaux jours d'innocence et de simplicité.

(1) Extrait de la vie de saint Liévin, par le révérend père Leclerque. Le même auteur rapporte divers miracles opérés à l'égard de plusieurs personnes de Bergues, de Boulogne , d'Arras et notamment envers M. Charles Boscart de St-Omer.

(2) La dernière a été donnée par Louis Belquin.

Déjà la foudre gronde, et par la plus malheureuse des révolutions les énergumènes de 1789 ont changé la face de la France.

Le comte d'Artois, le prince de Condé et d'autres seigneurs effrayés de la direction des affaires ou redoutant la vengeance des vainqueurs, passent à l'étranger. Ils sont bientôt suivis de plusieurs membres de l'assemblée nationale, d'une foule de nobles, d'ecclésiastiques et de citoyens attachés à l'ancien régime. Bientôt lancée hors de la voie où ses principaux auteurs avaient espéré la maintenir, la révolution s'attaque à tout ce qui inspirait le respect, hommes et monuments; d'abandon en abandon, cette révolution est échue aux dernières classes du peuple, en a pris le caractère et les goûts. Elle a choisi ses chefs parmi ces hommes brutes dont l'éducation n'a point reglé les facultés et a fait voir dans leur plus hideuse nudité les factions, leurs luttes, leurs vengeances, enfin elle finit par l'abolition de la royauté. O jour de triste mémoire ! Louis XVI, le plus vertueux comme le plus infortuné des rois, lui, qu'on avait salué le père du peuple, porte sa tête sur l'ignoble échafaud, les nobles et les prêtres sont proscrits, nos temples, nos autels renversés, les biens de nos églises vendus et confisqués au nom de la nation; que de tristes réflexions à faire ici sur l'instabilité des choses et l'esprit de destruction des peuples et des rois !

C'en était donc fait; Merck–St–Liévin, devait être aussi frappé dans ce qu'il avait de plus cher. Son église, son presbytère, ses maisons vicariales furent vendus. (1) Ses prêtres furent proscrits et son magnifique clocher devenu muet perdit de nouveau ses belles cloches enlevées par le commissaire Rolland, le 29 nivose an 2 de la république.

(1) Le presbytère avait été bâti tel qu'il est aujourd'hui en 1787 par les soins et les sacrifices de M. Flament, décédé, depuis curé à Fressin. Les habitants lui avait cédé les débris de l'ancien, sa bourse avait fait le reste.

Chargés par le district de St-Omer , le sieur Mathias Duplouy ainsi que Jean-Marie Degrémont de St-Liévin , agens municipaux, accompagnés d'un membre du comité de Morin la Montagne, Louis Taffoureau, et de M. Théodore Lambin, vicaire du lieu , firent l'inventaire de tout ce qui se trouvait dans l'église, le 28 brumaire même année. Ce récolement portait des vases sacrés, des burettes avec leur plateau, le tout en argent, un superbe soleil, un ciboire , deux calices et leurs pataines , deux boîtes aux saintes huiles, un bras en argent , dix chandeliers, deux bénitiers, deux encensoirs, une superbe grille en fer (1), à peine achevée, des linges, de riches habits sacerdotaux, des ornements et une quantité d'ex-voto en or et en argent, des tableaux et des statues.

On trouva dans les troncs une somme assez forte de doubles louis d'or, de pièces d'argent et la charge d'un homme en sols, liards , etc. Tout disparut ainsi que des croix en pierres élevées çà et là dans le cimetière.

L'église fut changée en salpêtrière (2), à cette profanation en succéda bientôt une autre plus grande encore , nos Pausanias de 93 consacrèrent ce temple à la déesse de la raison. Dès lors une prostituée et le buste de Marat reçurent les honneurs divins.

Les malheureux ne tardèrent point à reconnaître l'impuissance de ces créatures divinisées; des ministres qui n'en avaient que le nom remplirent les fonctions du culte.

M. Lancel, prêtre constitutionnel, avait acheté l'église; si entraîné par la force des événements, cet homme eut à gémir du passé, du moins, devons-nous lui savoir bon gré de la conservation de ce bel édifice ; sans lui, son arrêt était prononcé, il devait être démoli !

(1) Cette grille fermait la chapelle de St-Liévin , elle avait coûté 800 francs.

(2) D'après Obry, envoyé du district, l'eau salpêtrée avait quatre degrés de force.

Tant il est vrai de dire qu'ici bas les choses ne se mesurent souvent qu'à leur utilité matérielle, tous les hommes n'étant pas archéologues et encore moins religieux.

Un simulacre de culte avait donc succédé à la véritable religion catholique et romaine. Cette malheureuse innovation avait armé dans les villes comme dans nos campagnes, les plus forts ou les plus méchants contre les honnêtes gens et souvent en plus petit nombre.

Cependant de l'énergie, du courage, de la foi et de la religion vivaient encore dans le cœur de quelques-uns.

Un autre St-Jean-Baptiste eut la force de dire à l'intrus Seguier, le fameux *non licet* du précurseur de J.-C.: il ne vous est pas permis ! Cet homme était François-Joseph Bernard, surnommé depuis l'évéque de Masmai, du nom de la rue qu'il occupe.

De nouveaux hérodes le punirent de sa témérité; dénoncé au tribunal révolutionnaire de St-Omer, il vit le lendemain, 20 novembre 1791, sa demeure entourée de quatre vingts hommes dont vingt-deux cavaliers. Après une peine de vingt-huit jours de prison au mont Sithieu, on lui fit la grace de le laisser retourner chez lui.

Cette époque malheureuse, que, pour l'honneur de la France on devrait effacer des pages de l'histoire, allait touchant à sa fin. Un grand homme régnait sur l'Europe. De concert avec l'immortel Pie VII, il rendit à la France la religion de ses pères. Cet empereur avait compris qu'un gouvernement pour tenir, n'avait point d'intérêt plus pressant que celui de défendre la religion, qu'elle était l'ame de la société, comme le gouvernement politique n'en est que le corps. Oui, c'est autant par elle qu'à son invincible épée que Napoléon-le-Grand a conquis l'immortalité et s'est couvert de tant de gloire !

En 1800, les jeunes villageois durent s'élever en masse pour se rendre sous les drapeaux ; mais tous n'étaient pas nés pour le métier des armes. Augustin Lefebvre avait déjà un fils mort sur le champ d'honneur, il fallait qu'il sacrifiât de nouveau celui qui lui restait; ce sacrifice lui coûtait trop. Se mettant peu en peine de l'injonction qui lui avait été faite de par le maire, les gendarmes furent obligés de venir l'enlever; nos sbires, ne connaissant que le devoir, entraînent de force notre jeune conscrit, ils faillirent payer de la vie ce coup de main, car assaillis par une grêle de pierres, ils ne durent leur salut qu'à la vitesse de leurs chevaux.

Néanmoins force resta à la loi; M. Macau, maire de St-Liévin, résidant au château d'Hervare (1) arrivé en toute hâte, dissipa la troupe des rebelles. Le malheureux jeune homme, forcé de partir, mourut de chagrin à Gand, à la suite de son régiment, tandis que le père éprouva le même sort dans les prisons d'Arras où il était détenu en punition de sa révolte.

Depuis 1790 les diverses provinces avaient fait place aux départements. L'Artois reçut le nom du Pas-de-Calais; Merck-St-Liévin fut compris dans le district de St-Omer qui prit en 1800 la dénomination d'arrondissement et appartint au canton de Fauquembergues.

Jusques là les consolations de la religion avaient été prodiguées à cette paroisse à travers mille dangers par des prêtres courageux au prix de leur repos, de leur santé et de la vie même. Les bons fidèles n'avaient que faire des intrus qu'on leur avait envoyés, en la place de

(1) Ce château actuellement occupé par M. Deschodt, est sur la commune de St-Martin d'Erdinghem ; il doit être ancien à en juger par sa tour colossale qu'on aperçoit d'assez loin. Ce village est connu dès le septième siècle ; il y avait près de ce château une maison de plaisance aux évêques de Thérouanne. Cette propriété est encore appelée aujourd'hui cour l'évêque. Le 18 juillet 1842, M Charles de Dion faisant faire des fouilles dans cette terre, trouva une cave très curieuse. Son amour pour les recherches fut bien récompensé, il eut le plaisir d'y trouver en outre des objets très précieux, qu'il adressa au musée de St-Omer.

leur pasteur légitime (1), il leur fallait des prêtres catholiques et ils ne leur manquèrent jamais !

Ces dignes ministres étaient toujours disposés à se rendre où le devoir les appelait. C'était la nuit dans des maisons qu'ils offraient le saint sacrifice de la messe, ou administraient les sacrements.

On y vit successivement le 14 janvier 1793, M. Duflos, actuellement curé du canton de Campagne.

La même année le 27 novembre, M. Quidet, religieux de l'ordre de St-Dominique; en 1794 le 30 octobre, M. Hochart, ex-desservant de Seninghem; en 1795 le 18 août, M. Bertulphe-Dalbreuve, prêtre récolet; en 1796 le 26 octobre, M. Caresmel, ancien desservant de Quelmes; même année, M. Alloy, ex-desservant de Wavrans; en 1797 le 22 février, M. Bouvarlet, M. Risbourg, M. Dubuisson, prêtre bénédictin, et M. Braure, prêtre missionnaire du diocèse de Boulogne; en 1798 au 4 juillet, M. Bonnière desservit Merck-St-Liévin jusqu'en 1802, en vertu des pouvoirs qu'il avait reçus de Monseigneur l'évêque de Boulogne. Vers le mois d'octobre, il eut pour successeur M. Caresmel. Pendant tout ce temps M. Lancel, prêtre constitutionnel, n'avait cessé d'exercer dans la paroisse comme curé ou comme instituteur, lorsqu'il plut à l'ignoble Robespierre d'établir le culte de l'être suprême dont il se dit lui-même grand pontife.

Revenu de ses erreurs, M. Lancel rentra dans le giron de l'église catholique et romaine; il reçut au mois d'août 1802 des pouvoirs pour Merck-St-Liévin qu'il tint jusqu'au mois de mars 1805, de par M. Frelot, vicaire-général de Monseigneur de la Tour d'Auvergne Lauragais,

____

(1) Depuis le fatal arrêt de déportation, M. Flament curé de Merck-St-Liévin s'était retiré en Angleterre. M. l'abbé Paquet, M. l'abbé Alloy et M. l'abbé Coubronne, aujourd'hui curé de St-Michel, tous natifs de St-Liévin, s'étaient aussi exilés en Allemagne et en d'autres lieux.

évêque d'Arras, promu à cet évêché le 9 avril 1802 (1);
à cette époque M. Lancel eut pour successeur M. Collart.
A son départ de la paroisse pour le diocèse de Cambrai ,
l'église de St-Liévin lui appartenait, en sorte que le nouveau curé célébrait les saints Mystères dans la tour assez
spacieuse du reste pour contenir une assez grande partie
des fidèles. Cet ordre de choses ne devait changer qu'en
1806, où l'église fut rendue au culte après avoir été réconciliée comme il appert par l'acte suivant :

L'an mil huit cent six, le dix-huitième jour du mois de
Février , l'église de Merck-St-Liévin a été réconciliée
par M. Coyecques, vicaire-général de M. l'illustrissime et
révérendissime évêque d'Arras , en présence des sieurs
Deron, sécrétaire de M. Coyecques, vicaire-général ; Fas-
quel, ancien curé d'Ardres; Braure , supérieur du collége
de Dohem; Bonnière, desservant de Vandôme; Caresmel,
desservant de Wavrans-les-Aines; de Fasque , curé de
Fauquembergues; Blondel, vicaire d'Avroult; Patin, chapelain du château d'Hervare; Gibeau, desservant de Thienbronne; Alloy, prêtre habitué à St-Liévin ; Collart, desservant de Merck-St-Liévin et d'un grand nombre d'habitants présents à ladite cérémonie , en foi de quoi nous
avons signé ce présent acte les jour , mois, an que dessus
avec le maire de cette commune.

COLLART, desservant de Merck-St-Liévin; PATIN ,
prêtre chapelain d'Hervare; ALLOY, prêtre (2); MACAU
d'Hervare, maire de Merck-St-Liévin.

Les préventions qu'on avait conservées contre M. Lancel étaient un obstacle à l'acquisition de l'église. Les ha-

(1) Nous avons encore le rare bonheur de posséder Son Eminence
Monseigneur le Cardinal de la Tour d'Auvergne , grand commandeur
de la Légion-d'Honneur. Comme St-Wast,le premier évêque d'Arras,
Son Eminence a déjá occupé ce siège pendant plus de 40 ans , après
avoir refusé les archevêchés de Lyon, de Paris et de Cambrai.

(2) M. Alloy était alors revenu de l'Allemagne ; il est décédé curé
à Renty.

bitants ne surent profiter de l'offre avantageuse qui leur avait été faite pour rentrer en possession de cet édifice, lorsqu'enfin le 18 avril 1810, en vertu d'un décret du 20 septembre 1809, M. Macau d'Hervare, maire de la commune (1) en fit l'acquisition pour la somme de 2,812 fr. 75 c.

M. Collart était décédé deux ans auparavant, une atteinte d'apoplexie foudroyante l'avait frappé dans la rue de Warnec en revenant de visiter ses malades, un dimanche après vêpres le 14 février 1808. Il fut inhumé dans le cimetière de cette paroisse le 17 du même mois, par M. de Fasque, curé de Fauquembergues accompagné de M. Briche, desservant de Renty, de M. Blondel, vicaire d'Avroult et de M. Patin, faisant les fonctions de vicaire de Merck-St-Liévin.

Dès le 25 mars suivant M. Ivain l'avait remplacé ; à son arrivée dans la paroisse, il ne trouva point de presbytère, le gouvernement l'avait vendu à vil prix aux sieurs Joseph et Alexis Drolet, maîtres de poste à Avroult.

M. Arnoult Butay, résidant à St-Omer en fit de nouveau l'acquisition pour la somme de 1,400 fr. y compris le jardin, la cour et les pâtures attenantes. Son fils, Philibert Butay l'occupait lorsque le nouveau pasteur fut nommé à la cure de Merck, il ne vit point de demeure plus convenable pour lui que celle où avaient habité pendant tant de siècles ses dignes prédécesseurs. Il en fit donc l'acquisition avec toutes ses dépendances le 30 mars 1809, moyennant la somme de 1,500 fr. par un contrat passé devant Me Top, notaire impérial à la résidence de Fauquembergues.

La commune ainsi relevée de ses pertes, la confiance commençait à se rétablir, le paisible laboureur avait repris ses travaux, l'aisance régnait partout, la pêche et la

____

(1) Elle avait alors 942 habitants.

chasse fournissaient une honnête existence aux plus pauvres de l'endroit.

Déjà des centaines de pélerins avaient visité son église; ils s'étaient rappelé les faveurs signalées que leurs ancêtres y avaient reçues, ils aimaient à revoir tous les ans et à lire avec respect les noms que leurs pères avaient gravés sur ces murailles plusieurs siècles auparavant. Ce n'est point sans attendrissement qu'on les voit de pierre en pierre, de piller en piller couvrir de leurs larmes et de leurs baisers, un nom qui leur avait été cher à plus d'un titre!

Qui jamais pourrait les compter ? Depuis trois cents ans, même pendant les jours mauvais, des pélerins n'ont cessé de s'inscrire sur ce grand livre, fiers d'avoir été fidèles à l'accomplissement d'un vœu ou reconnaissants pour quelques bienfaits reçus.

En voici quelques-uns que j'ai pris au hasard :

Jean Wicarr, le 10 juin 1581; Adrien Plohain, en 1600; Antoine Hanon, en 1611; Adriaen Deunlder, Van Huerem 1670; Job, 1620; Jean Flament, de Cambrai, 1672; Jean-Baptiste Widogue, de Merville, 1689; Martin Blancquart, de la Gorgue, 1686; de Beaufort, 1720; de Beaumout, 1731; Vandame et Jean Tetare, de Cassel, 1768; Denis Thueux, de Boulogne, 1765 (1); Gaddeblé, de Calais, 1755; Joseph Uzel, Van Poperinghe, Cénécat de Robecq, Louquet de Letrem, enfin une foule d'autres plus récents avec le millésime de leur inscription jusque l'an 1842 ont été gravés par des pélerins des environs d'Estaires, de Douai, d'Arras, d'Abbeville, d'Hesdin, de Lille et de Roubaix. C'est ainsi qu'ils voulaient faire de ces pierres comme autant d'oracles pour annoncer aux siècles futurs les sacrifices et les fatigues qu'on savait s'imposer dans ces beaux jours de foi et de religion!

(1) Je connais Isabelle Danger, sa petite fille, épouse de François Thueux ; Elle m'a dit, le 28 juin 1842, être venue pendant 52 ans consécutifs, *servir le bon glorieux St-Liévin.*

Monseigneur l'illustrissime et révérendissime de la Tour d'Auvergne, évêque d'Arras, avait aussi pensé à visiter ce lieu si célèbre, dès son arrivée dans ce vaste diocèse, mais retenu par les immenses travaux qu'il y a rencontrés à sa prise en possession, Sa Grandeur chargea de ce soin M. Coyecques , vicaire-général de l'arrondissement de St-Omer, le 14 juillet 1808.

Vu une supplique de 12 octobre de la même année , signée de plus de quarante habitants , vu une lettre du 8 septembre 1808, de M. Mathon, secrétaire du vicariat de Boulogne ;

Vu différentes pièces , mûrement examinées, Monseigneur a permis qu'on continuât dans l'église de Merck-St-Liévin à exposer à la vénération publique , les reliques contenues dans une châsse fermée de deux rubans rouges à l'extrémité desquels ont été apposés quatre cachets portant dans l'écusson la lettre D.

Vingt-et-un ans aprés , à l'exemple de Monseigneur de Partz de Passy , de vénérable mémoire , cet illustre pontife voulut lui-même visiter cette relique.

Sa magnifique cathédrale d'Arras lui doit par cette visite un morceau du bras de saint Liévin, que sa Grandeur a procuré alors, et dont acte a été dressé comme il suit :

L'an mil huit cent vingt-neuf et le neuf du mois de mai, Monseigneur Hugues Robert Jean-Charles de la Tour d'Auvergne Lauragais, a visité la relique de St-Liévin, pontife et martyr (1), et en a extrait une parcelle de cinq lignes de longueur en présence de MM. Deron, Ivain, Coubronne (2), Proyart et Lefebvre, repris dans le procès-verbal, renfermé dans la Châsse que nous avons liée des anciens rubans de taffetas blancs , auxquels nous avons

(1) Outre cette relique la Châsse de St-Liévin renferme encore celles des quarante martyrs et la tête de St-Edon.

(2) M. Coubronne, natif de St-Liévin, ex-desservant d'Audinctbun, décédé curé de Fressin en 1842.

apposé notre sceau en deux parties différentes, nous avons de plus pour la sûreté dudit reliquaire entouré le susdit tombeau d'un ruban blanc de fil croisé et nous avons fini par y apposer deux sceaux de nos armes, dessus et dessous à la jonction dudit ruban,

> † Ch. év. d'Arras; Deron, vicaire-général; Ivain, desservant de Merck-St-Liévin; Coubronne , desservant d'Audincthun et Wandonne; Proyart secrétaire, et Constantin Lefebvre.

A quelques années de là on entendit la cloche qui donnait à coups répétés; ce n'était plus une fête ou une visite pastorale qu'elle annonçait, mais un sinistre dont la cause est restée inconnue.

C'était au mois de novembre 1833, un incendie dévorait toute la ferme du Forété, appartenant à M. Deboiry, propriétaire à Arras, occupée alors par Mme Ve Bernard , la perte a été évaluée à la somme de 4000 francs.

L'année 1834 devait aussi être fatale à une autre maison de St-Liévin ; M. Joseph Joly propriétaire , dans la nuit du 3 ou 4 février, vit son habitation réduite en cendre, ce qui lui a causé un dommage de 5000 francs , on a aussi ignoré l'auteur de ce sinistre (1).

C'est à ces jours néfastes que se rattache la séparation d'Avroult (2) de la commune de Merck-St-Liévin.

Depuis longtems les habitants de cette annexe n'avaient

(1) Cette maison avait vu naître M. Langlet, ancien principal du collège de Dohem et curé du canton de Lumbres à Dohem. C'est au désintéressement de ce pieux et savant ecclésiastique que cette commune doit son beau collége, et sa jolie église terminée seulement en 1842.

(2) En juillet 1808, on trouva dans le caveau d'une chapelle de la paroisse de St-Denis à St-Omer, le cercueil de Guillaume d'Avroult, comte de Licques, tué à la bataille d'Azincourt.

que trop à se plaindre de la manière dont ils étaient ad-
ministrés. Quoiqu'en eut fait alors M. Décloitre, maire,
ils obtinrent néammoins du gouvernement l'érection de
leur village en commune séparée de Merck – St – Liévin.
Ce retranchement n'était que le précurseur d'un second
effectué au 16 août 1834, tout Cloquent, deux maisons ex-
ceptées, appartint à la commune de Thiembronne, tandis
que par compensation, il recevait seulement trois habitations du Val.

Ce démembrement de la commune finit heureusement
à la nomination de M. Basile Dégremont, élu maire en
remplacement de M. Decloitre, démissionnaire.

Tandis que Merck–St–Liévin, par l'incurie de quelques-
uns, allait ainsi décimant son territoire et sa population,
l'église au contraire s'enrichissait de 27 ares, 12 centiares de terre, estimés six cents fr., légués, par dame Fçoise.
Thérèse Dégremont, le 9 juillet 1835, suivant son testament du 9 juillet 1834. Jean Degremont, son mari, lui
avait fait aussi le même legs dans un testament parde-
vant Mᵉ Top, notaire à Fauquembergues, le 9 août
1824, aux charges, clauses et conditions y exprimées.

Sa Majesté Louis–Philippe, roi des François, le 8 août
1835, avait autorisé la Fabrique à accepter un legs de
42 ares, 71 centiares de terre, évalués à mille francs, fait
à cet établissement par Dame Marie–Rosalie Brazier, na-
tive de Merck–St–Liévin, dite ma mère St–Augustin, décédée supérieure des Ursulines à St–Omer.

Après avoir administré cette paroisse l'espace de 28
ans, M. Ivain venait de descendre dans la tombe, lorsque
son Eminence Monseigneur le Cardinal de la Tour d'Auvergne me choisit pour le remplacer au 20 mai 1856.

L'inconvénient que ce respectable prêtre avait rencon-
tré à son arrivée dans cette commune se représenta de
nouveau à ma nomination à Merck–St–Liévin. le presbytère qu'il habitait était à lui ; il fallut en conséquence ou

le faire acheter à la commune, ou me résigner à habiter dans le cimetière une maison peu décente pour un ecclésiastique.

Sur une proposition que j'ai faite au conseil municipal, M. Basile Dégremont a su faire par son habileté et sa bonne administration, ce que ses prédesseurs n'avaient pu. Le presbytère fut acheté aux héritiers Ivain en 1838 pour la somme de 3,500 francs et la maison qui m'était destinée a été aussi, par ses soins, transformée en une belle école communale (1). L'année suivante, 26 avril 1839, sur une demande que nous fîmes à la reine des Français, présentée par M. Lesergeant de Monnecove, député, nous fûmes assez heureux d'obtenir la somme de cent francs pour la réparation de notre clocher; ils nous furent envoyés du Palais des Tuileries, par M. Borel de Bretizel, secrétaire des commandements de la Reine (2).

De généreux pèlerins avaient fait aussi trois ans auparavant quelques cadeaux à l'église : de médiocres chandeliers en cuivre, firent place à de plus beaux argentés et de première grandeur. Sa voûte étonnée, venait de recevoir à son plafond deux belles lampes également argentées, tandis que des marins de Boulogne avaient orné l'autel droit d'un grand tableau, où St-Liévin est représenté secourant des malheureux naufragés qui se réclament en mer (3).

(1) Indépendamment de cette école nous avons aussi une école privée pour les filles, depuis 1838.

(2) Alors le clocher a été surmonté d'un nouveau coq , 15 juin 1839.

(3) Plusieurs journaux de province ont parlé de ce tableau , ainsi que d'un gronpe superbe provenant du cabinet du Roi. (*La Dunkerquoise*, *le Guetteur*, *l'Audomaroise*, *l'Echo de la Lys* et *le Progrès d'Arras*), ce tableau aurait été fait d'après ce miracle que rapporte le révérend père Leclerque dans la vie de St-Liévin. « Un jour que saint Liévin » se promenait le long de la mer, il s'éleva une tempête et bourrasque » si furieuse , et s'apercevant qu'un navire qui voguait sur l'Océan » était sur le point de couler à fond , avec les hommes et les denrées

Le conseil de fabrique ne montra pas moins de zèle pour l'embellissement de son église (1). Formé depuis le 30 juillet 1837, en séance extraordinaire, avec l'autorisation de son Eminence le Cardinal de la Tour d'Auvergne, il ne cessa d'employer ses revenus avec autant de sagesse que d'économie pour l'entretien du culte et la décoration du lieu saint.

Plusieurs autels furent réparés, entre autres celui de la vierge construit en pierre datant de 1688; les fonds baptismaux, dont le bénitier en grés date de 1599, reçut un nouvel éclat, ainsi que la belle chaire de vérité qu'on remarque au milieu de la grande nef. Des tableaux , des ex-voto en argent couvrirent l'autel du glorieux martyr, dont la chapelle fut aussi entièrement réparée à l'aide des offrandes des pélerins.

Nous n'avions plus qu'une chose à désirer ; un maître autel, séculaire, tout poudreux et menaçant ruine, nous faisait faire des vœux. L'argent nous manquait, sa majesté Louis-Philippe a entendu notre cri de détresse (2).

Un groupe magnifique plus que de grandeur naturelle, nous a été envoyé du cabinet du Roi, par l'entremise de

» qui étaient dedans, la charité lui donna des ailes , pour aller les se-
» courir, armé de la foi et de la confiance qu'il avait en Dieu, il entre
» dans la mer, court à grands pas sur cet élément courroucé vers le
» vaisseau et l'ayant joint , après les avoir bénis avec le signe de la
» croix, la mer s'apaisa et se calma sans délai. » *Ipse mare super gradiens ab imminenti naufragio Liberavit.*—Brév. de St-Bavon à Gand.

(1) Le conseil était alors composé ainsi : des deux membres de droit M. Basile Degremont maire, et moi. M. Alloy , président du bureau , M. François Devin, président du conseil, M. Florentin Caron , trésorier, M. Jean Degremont, secrétaire du conseil et du bureau , et M. Aimable Caron.

(2) Le roi a dit à l'occasion de sa fête, à Mgr. l'archevêque de Paris : « Je serais heureux si avant de mourir , je pouvais accomplir tout le « bien que j'ai médité pour la religion. »

l'honorable M. Gr.... de Bapaume , accompagnée d'une lettre du château des Tuileries en date du 28 mars 1841.

Il représente Notre-Dame des sept douleurs au pied du calvaire, entouré d'anges portant chacun un attribut de la passion. Il est pour la paroisse l'objet d'une très-grande vénération , dont la fête principale est fixée au troisième dimanche de septembre.

Selon le vœu de son Eminence le Cardinal de la Tour d'Auvergne , évêque d'Arras , exprimé dans différentes circulaires pour augmenter de plus en plus dans nos paroisses la dévotion en la très Ste-Vierge ; Vu aussi la condition apposée avant l'envoi du saint Groupe. Vu l'autorisation de son Eminence, en date du 12 avril 1841, j'ai érigé la confrérie de Notre-Dame des sept douleurs, le 4 juillet de la même année. Cette belle cérémonie eut lieu à Merck-St-Liévin, le dimanche après vêpres, en présence de MM. Bayart, curé de Fauquembergues, Langlet, curé de Dohem, Crevecœur, prêtre directeur du collége de Dohem, Gobert, prêtre habitué à Fauquembergues , Desombres , curé d'Audincthun, Labbé, curé de Wismes , Labbé, vicaire de Thienbronne et une foule considérable de peuple qui était venue à Merck-St-Liévin, pour l'installation du saint Groupe.

M. le curé de Fauquembergues en fit la bénédiction et M. François Crevecœur, prononça à ce sujet un discours prêché avec âme et très bien adapté à cette pieuse et touchante cérémonie.

Cette paroisse peut donc se glorifier d'avoir aujourd'hui la confrérie de la Ste-Vierge, par laquelle des grâces sans nombre et des indulgences multipliées sont accordées à tous ceux, qui, porteurs du scapulaire de cette sainte association, réciteront le chapelet de Notre-Dame des sept douleurs.

Les souverains pontifes Clément XII, Benoit XIV, Clément XIII et Pie VI ont augmenté ces graces et ces indulgences , afin que chacun puisse y avoir recours pour le salut de son âme et l'accroissement de sa piété envers Marie affligée. Les prodiges qu'elle fit en faveur de ceux qui se sont rangés sous sa bannière lui ont attiré un nombre considérable de serviteurs, de tout âge et de toute condition. Dans l'Europe, l'Asie et l'Afrique des Rois et Princes s'enrôlèrent dans cette pieuse confrérie.

Louis IX, roi de France, Philippe III et IV , ses fils et neveu , avec la majeure partie des grands et des princesses de cette puissante cour.

En Allemagne, Rodolphe 1er Empereur et fondateur de la puissance Autrichienne ; en Italie la plus grande partie de la noblesse ; Ferdinand, roi du Portugal ; Henri, roi de Castille ; Pierre IV , roi d'Aragon , Jean roi de Navarre , Philippe 1er , archiduc d'Autriche et d'Espagne , s'inscrirent tous avec leurs principaux officiers et avec une grande partie du peuple dans la confrérie de Notre-Dame-des-Sept-Douleurs.

On vit dès les premiers siècles de la fondation de l'ordre des souverains pontifes se distinguer par leur vénération pour les douleurs de la Ste-Vierge.

Je citerai Alexandre IV, Urbain IV, Clément IV , Nicolas IV, Boniface VIII, Benoit XI, Callixte III, Sixte IV et Sixte V, les deux Innocent VIII et XII, et Pie VII de glorieux Mémoire qui se firent tous servites de la B. V. Marie en enrichissant cet ordre de différents diplômes.

Un d'eux me fut adressé par M. Rougeot, chanoine-archiprêtre de la cathédrale de Paris (le 20 février 1841) pour m'établir directeur de la confrérie de Merck-St-Liévin, avec tous les pouvoirs à lui accordés , et spécifiés dans une commission datée de Rome, le 2 avril 1827.

M. Rougeot avait reçu ces pouvoirs de M. François-Constantin-Marie Bastini , docteur de la sacrée faculté de théologie, docteur du collége des théologiens de Florence, professeur public des dogmes sacrés et des controverses dans l'académie de Pise etc.

Ce diplôme a été visé et approuvé à Arras, en l'absence de son Eminence le Cardinal de la Tour d'Auvergne, par M. Herbet, vicaire-général et a reçu le sceau de ses armes le 4 août 1841.

Cette précieuse acquisition pour l'église de Merck-St-Liévin augmenta singulièrement son pélerinage dans le courant de l'année dernière. Voici ce que rapportait un témoin oculaire dans une feuille de Dunkerque qu'il eut l'amabilité de m'adresser le 24 mai 1842, il était avec un de ses amis : « A deux heures nous entrâmes dans ce
» village qui était on ne peut plus animé, on se serait cru
» à la ville au centre d'une nombreuse population, nous
» pûmes à peine trouver à nous placer dans l'église, ou-
» verte de bon matin, elle ne cessait de s'emplir, et de
» se désemplir de pélerins qui priaient dans le plus pro-
» fond recueillement. La place des auberges, les rues,
» tout était envahi par une quantité infinie de personnes.
» Habitants et étrangers, tous étaient confondus ; on eut
» juré à les voir les membres d'une seule famille telle-
» ment l'union et l'ordre qui régnait parmi eux étaient
» parfaits. On voyait çà et là des marchands, des colpor-
» teurs, des chanteurs de cantiques, des bateleurs de
» toute espèce, que des curieux entouraient en leur
» prêtant la plus scrupuleuse attention. Cet ensemble
» présentait un aspect des plus pittoresques et méritait
» d'être vu. Un peintre de mœurs et de scènes villa-
» geoises aurait puisé là plus d'un heureux sujet de
» composition, de délicieuses inspirations d'artiste. »

Pour terminer cette notice, je n'ai plus qu'à donner quelques notions statistiques sur ce village.

L'étendue actuelle de son territoire est de 1,145 hectares, 20 ares, 60 centiares, il est peuplé de 620 habitants; avant sa séparation d'Avroult, M. Macau d'Hervare maire, et M. Warnier de Cloquant, adjoint, sa superficie territoriale était en 1814 de 1,542 hectares , sa population de 948 habitants qui payaient 8,298 fr. d'imposition ; l'agriculture est leur principale occupation, quelques-uns fabriquent de la toile, et trois moulins dont un à papier et à farines occupent une certaine quantité d'ouvriers.

Le tempéramment de ses habitants est sec, vigoureux. Ils sont robustes , habitués au travail et à l'intempérie des saisons. L'air qu'on y respire est sain, toutefois il y règne de temps en temps des fièvres tierces, putrides et malignes. Rarement ces maladies font des victimes; surmontées, elles laissent vivre souvent jusqu'à l'âge le plus reculé ceux ou celles qui en ont été atteints. On n'y meurt généralement parlant que dans l'extrême vieillesse. Ainsi en 1811 le 18 janvier, Marie Parenty , veuve de Martin Cadart, est décédée à l'âge de 100 ans et 9 mois. — Le 19 mai 1836, M. Ivain est mort à l'âge de 85 ans, même année, Adrien Loquin , à l'âge de 92 ans; enfin Rosalie Derollet est décédée le 15 septembre 1841 , à l'âge de 86 ans, à présent il existe encore plus de 15 personnes tant septuagénaires qu'octogénaires.

Le sol est en partie humide et marécageux ; partie montueux, pierreux et partie argilleux et plat, la qualité argilleuse est la plus commune. Il n'y a rien de changé dans la culture ancienne ; toutes les terres en général sont à trois soles, il en est très peu capable de porter tous les ans. Nos fermiers se servent pour engrais de fumiers, de cendre, de la marne; ils récoltent des graines céréales et des fourrages.

Il s'y trouve des carrières fournissant du sable d'une blancheur qui le fait rechercher pour différents usages domestiques, d'autres renferment des pierres à chaux , des pierres à bâtir de la marne et de l'argile, mais l'exploitation de ces diverses carrières n'est point très-active, parce que les chemins étant mauvais, les moyens de transport deviendraient difficiles et très-couteux.

On trouve également de la tourbe très-bonne et en assez grande quantité, que des particuliers font extraire pour leur consommation. C'est dans ces terres du four-à-banc, au sieur Florentin Caron, qu'une société de St-Omer a essayé de chercher du charbon de houille en 1840, les travaux étaient dirigés par M. Lefebvre-Hermant, membre du conseil général du département.

C'est au mois de janvier de cette année que se rattache une inondation telle que dé mémoire d'homme on n'a vu à Merck-St-Liévin; quoiqu'assez éloignée de l'Aa, l'eau venait battre sur les murs du presbytère, élevé d'un mètre au-dessus du niveau de cette rivière, le village était comme une vaste mer, qui roulait ses eaux avec une rapidité effrayante; des ponts et des maisons furent renversés; l'eau s'éleva à un mètre 50 centimètres dans les trois moulins, ainsi que dans plusieurs habitations. En 1842, nous n'avions plus l'eau à craindre, mais un autre fléau non moins redoutable, des coups de vent épouvantables vinrent désoler quelques localités des arrondissements de Boulogne et de St-Omer, des arbres et des maisons furent renversés, des toitures enlevées et notre clocher si élevé d'ailleurs faillit voir tomber sa croix et peut-être une partie de sa flèche. Ebranlée fortement à sa base, elle a dû être replacée de suite à l'aide d'une maçonnerie nouvelle aussi solide que bien confectionnée. (1)

Le lecteur indulgent me pardonnera tous ces détails intéressants du reste pour ceux de l'endroit, pour qui j'ai fait plus spécialement ce petit ouvrage, il saura que l'histoire locale a son charme, et que rien ne saurait y être indifférent; tout au contraire plaît et amuse.

Si j'ai fait quelqu'omission ou commis quelqu'erreur on ne saurait me l'imposer à faute. *Nulli deputandum est ad culpam quod invitus ignorat.*

(1) J'ai dû y monter moi-même pour m'assurer de la bonté du travail. Ces sortes d'ouvrages opérés tant à l'église qu'aux ponts, chemins, etc., avaient déjà coûté à la commune 7,432 fr. depuis 1810 jusque et compris 1813.

J'ai cru devoir m'étendre un peu sur l'histoire de l'église et de son pélerinage parce qu'à tous ses fastes se rattachaient des événements importants dont le détail était essentiel pour mieux faire connaitre à ces différentes époques, nos mœurs, notre langage, notre droit et nos croyances religieuses. Au reste, je me suis autorisé de l'exemple de M. Guizot lorsqu'il disait :

« La véritable histoire de la société est dans celle des
» églises, là on apprend à connaitre l'état du peuple, ses
» sentiments, ses idées, les influences qui le dominaient,
» les habitudes de la vie commune, tout ce qu'on cher-
» cherait vainement dans les chroniques consacrées au
» récit des guerres et de la vie des rois.

Puisse ce petit travail servir à d'autres pour arriver à un mieux, je ne regretterai pas les quelques veilles qu'il m'a coûtées.

FIN.

St-Omer : Imp. de Van Elslandt.

Liste des Ecclésiastiques qui ont administré la paroisse de Merck-St-Liévin depuis l'année 1600 jusqu'en 1842 inclusivement.

CURÉS.	VICAIRES.	CHAPELAINS.
1600 : Mtre Michel Thanatel.	Flament et Picotin.	Hermant.
1640 : Flament.	Picotin et Hermant.	François Lejosne.
1660 : Devin.	Marsille et Lefebvre.	Id.
1675 : Mtre Antoine Marsille.	Pasquiez et Lefebvre.	Talleux.
1680 : Pasquiez.	Delpouve et Talleux.	Jacques Mathieu.
1693 : Mtre Liévin Delpouve.	Talleux et Lagache.	Grizet.
1701 : Talleux.	Lagache et Grizet.	Lépine,
1714 : Lagache.	Griset et Lesot.	Id.
1733 : Mtre Jacques Bonnière, chanoine de Fauquembergues.	P. Gérard, Bonnière et Jacques Hermand.	Joly et Bloquet, chapelain à Avroult.
	Paul Gérard, Bonnière et J. Hermand.	Id.
	Id.	Id.
1736 : Luto.	Thubanville et Blondel.	Charles Godde et Decroix à Avroult.
1748 : Larivière.	Blondel et Flament.	Obin et Ducrocq à Avroult.
1754 : Delahay.	Flament et Thiennery.	Hubin et François Briche à Avroult.
1774 : Id.	Thiennery et Théodore Lambin.	Hubin et Bonnière à Avroult.
1782 : Id.	Id.	
1784 : Flament.	Patin faisant les fonctions de vicaire, chapelain à Hervarc.	
1798 . Bonnière.	Blondel à Avroult.	
Id. : Caresmel.	Lefort, id.	
1802 : Lancel.	Bonnière, id.	
1805 : Collart.	Blin, vicaire indépendant à Avroult.	
1808 : Ivain.		
1836 : Robert.		
1842 : Id.		

VICAIRES

Anselin, vicaire indépendant à Avroult.
Cette paroisse érigée en succursale le 22 juin 1842, conserva M. Anselin pour la desservir jusqu'au 3 septembre suivant, alors il fut remplacé par M. Delmaire.